AF336294

OBSERVATIONS

SUR

LE RAPPORT

Fait au nom du Comité chargé de la Revision des Loix, contre les Émigrés.

Par BOREL, Député des Hautes-Alpes.

OBSERVATIONS

SUR

LE RAPPORT

Fait au nom du Comité chargé de la revision des Loix, contre les Émigrés.

LA CONVENTION NATIONALE, en faisant une Loi sur l'émigration, veut sans doute concilier la justice avec les mesures vigoureuses, que nécessitent les circonstances ; elle ne veut pas confondre l'homme qui, antérieurement à 1789, et même depuis, voyageoit en pays étranger, ou y étoit établi pour affaires de commerce, avec celui qui depuis cette époque, n'a quitté sa patrie que par haine pour la révolution ; c'est cependant ce qui arriveroit si le projet présenté par la Commission chargée de la révision des Loix contre les émigrés, étoit adopté tel qu'il est présenté. Plus une Loi est sévère, plus elle doit être en harmonie avec la justice ; et qu'on ne dise pas qu'en révolution, il est permis de s'écarter un peu des règles strictes de la justice : je dis, au contraire, que c'est dans ces temps qu'elle doit présider à tout; car, à mon sens, la révolution n'est autre chose que la justice du peuple, qui en abattant la tyrannie sous laquelle il gémis-soit, corrige tous les abus qui le rendoient malheureux; mais en même temps que ce peuple régénéré, punit les auteurs de ses maux, il protège les bons citoyens. C'est d'après ces principes que je crois devoir faire à la Convention Nationale quelques observations sur la Loi qui lui est présentée.

L'article I de la Section Ire, du premier titre n°. 4, n'accorde, pour rentrer en France, que deux décades après la pro-mulgation de la Loi aux Français, sortis du territoire de la République, dont l'absence a pour objet le commerce, l'éducation et le dessein d'acquérir des connoissances dans les sciences, arts et métiers, à peine d'être réputés émigrés. Il s'ensuit que tout Fran-çais qui n'est pas actuellement dans la République est émigré. Car, comment veut-on que celui qui est à Gênes, à Constanti-nople ou autres lieux, où il est allé sur la foi des Loix antérieures, ait dans un si bref délai, connoissance de la Loi et puisse s'y conformer? l'impossibilité en est démon-trée. Dès que l'intérêt de la Patrie exige qu'il revienne dans son sein, il faut non-seulement qu'il puisse connoître la Loi qui le rappelle ; mais encore qu'elle lui accorde le délai nécessaire pour se rendre en France. S'il en étoit autrement, il seroit victime de la confiance qu'il a donnée aux Loix, sur la foi desquelles il a entrepris ses voyages.

L'article II du même titre, n°. 2, excepte de l'émigration, les Français absens antérieu-rement au premier juillet 1789, qui n'étoient pas rentrés au onze brumaire dernier sur le territoire de la République ; mais en même temps il les considere comme ayant renoncé à tous leurs droits de citoyens, et sous ce rapport, leurs biens sont acquis à la Nation. Cette disposition me paroît non-seulement bien rigoureuse, mais même con-

A 3

traire aux intérêts de la Nation, et je le démontre. D'abord, je la regarde comme trop rigoureuse envers les individus qu'elle frappe, parce qu'il est beaucoup de Français qui étoient établis en pays étranger depuis plusieurs années avant 1789 et qui s'y sont trouvés au moment ou la guerre a été déclarée avec les puissances du pays qu'ils habitent, et dès cet instant toute communication ayant été fermée, ils n'ont plus été libres d'en sortir, il en est même qui depuis cette époque gemissent dans les cachots des despotes coalisés contre nous; il en est à la vérité quelques uns qui se sont échapés à travers mille dangers, mais ils n'ont pu n'y emporter leur fortune n'y même enmener leurs femmes et leurs enfants, voudriez vous donc les punir pour n'avoir pas fait ce qui leur étoit impossible de faire, je ne le pense pas, d'autant mieux que parmi ces malheureux il s'en trouve plusieurs qui dès le commencement de la révolution n'ont cessé de donner des preuves de patriotisme et attachement à leur mere patrie, plu-

sieurs ont contribué volontairement pour
les besoins de la patrie , les procès-verbaux
de l'assemblée constituante en font foi , vous
avez vu encore dans le mois de Germinal
dernier , les citoyens de cinq maisons brian-
çonnoises établies à Gênes , envoyer à Nice
mille paires de souliers pour nos freres d'armes ; ces mêmes citoyens avoient fait sous
l'assemblée constituante des dons patrioti-
ques , outre la contribution patriotique dé-
cretée par l'assemblée et pour laquelle ils
ont fait leur déclaration , non à raison des
biens qu'ils possedoient dans leur pays natal ,
mais à raison de ceux qu'ils avoient en pays
étranger : il en est parmi ces braves citoyens , qui ont habillé en entier des compa-
gnies de gardes nationales , et qui ont fait
tous les sacrifices qui étoient en leur pouvoir.
Il ne peut pas être , citoyens collegues , dans
votre intention de traiter comme ennemi
de la patrie des citoyens qui ont donné de
si fortes preuves d'attachement pour elle ,
d'autant mieux encore que cette rigueur
retomberoit sur leurs peres , meres et pa-

rents infirmes à qui ils laissent ordinairement la jouissance des biens qu'ils ont
en France : j'en pourrois citer cent exemples
pris dans le seul District de Briançon, d'où
la misère et le peu de ressources du pays
forcent les habitans de sortir, et de se ré-
pandre dans les différentes villes de commerce de l'europe : outre qu'ils abandonnent
la jouissance des biens qu'ils y possedent,
ils envoient annuellement des secours à leurs
parents, et c'est une des principales ressources de ce malheureux pays sans laquelle
les habitans auroient peine à subsister.

Après avoir examiné cette question rela-
tivement aux individus, examinons-la main-
tenant sous ses rapports avec les intérêts de
la nation, et voyons si la mesure proposée
est plus utile que nuisible à la fortune pu-
blique. J'espere de prouver que la République
perdroit de grandes ressources en confisquant
les biens des Français, établis pour cause
de commerce, en pays étranger ; car ce n'est
que de ceux-là que j'entretiens la Convention.

Tout le monde sait que ce n'est ni des

grandes villes, ni des contrées riches, que partent ceux qui vont faire le commerce en pays étranger. On doit être bien convaincu aussi que ce ne sont pas les riches qui s'expatrient pour cet objet; ceux-là n'ont que faire de se donner tant de peines, ni de s'exposer à tant de dangers. C'est en France, c'est dans les départemens riches et sur-tout dans les grandes cités, qu'ils ont jusqu'à présent traîné leur inutile et dangéreuse existence. C'est des montagnes d'Auvergne, des Alpes, et autres pays aussi dénués de ressources, que partent ces espèces de colonies commerciales, et c'est encore parmi les plus pauvres de la contrée qu'en sont pris les individus. Un pere de famille peu fortuné qui a plusieurs enfans, en garde un auprès de lui et fait partir les autres avec un équipage bien leste. Il consiste ordinairement en ce qu'il a sur le dos, et la somme nécessaire pour arriver dans le lieu qui lui est désigné; encore, souvent cette somme est-elle fournie en avance par le négociant chez qui il va commencer sa carrière; le pere meurt, il partage son bien entre ceux de ses enfans qui sont dans le pays, et ne donne à ceux qui sont partis, que ce que la loi leur accorde ; il en résulte de-là, que ceux des Français qui sont en pays étranger, possedent très-peu de bien en France, tandis que plusieurs d'entr'eux sont fort riches dans les pays qu'ils habitent. Conséquemment, si la nation s'empare de leurs biens, elle saisira peu de chose ; si au contraire vous leur laissez les moyens de rentrer en France, et leur donnez le temps de liquider leurs affaires, ils apporteront des sommes immenses, et de beaucoup supérieures à celles que vous pourriez saisir en ce moment ; au surplus, tous leurs biens sont mis sous la main de la nation. La République ne sera-t-elle pas toujours à même de les saisir, si six mois après la paix ils ne sont pas rentrés ; et en attendant, pour qu'ils contribuent aux dépenses de la guerre, la nation peut en toute justice se saisir des revenus.

Je ne viens pas ici, Citoyens Collegues, reclamer des exceptions en faveur des ennemis de la révolution, de ceux qui, par haine pour elle, ont abandonné leur Patrie, bien moins encore en faveur de ceux qui étant domiciliés dans les pays étrangers, ont eu la bassesse et la perfidie de porter les armes contre leur Patrie ; sur ceux-là, frappez et frappez fort, je frappe avec vous ; mais je les reclame en faveur des bons citoyens, qui, quoique éloignés de leur Patrie par des circonstances qu'ils n'ont pu maîtriser, ont toujours eu les yeux tournés vers elle, et qui, d'ailleurs, n'avoient été appellés par aucune Loi.

En conséquence je propose que la Convention étende à six mois le délai de deux décades proposé pour ceux compris dans l'Art premier n° 4. du projet de décret, et qu'elle accorde pour rentrer en france à ceux compris dans le deuxieme article numéro II, un délai de six mois après la paix pour ceux qui habitent le pays des puissances avec lesquelles la République est en guerre, et six mois à compter de la promulgation de la loi pour ceux qui sont en pays neutre, passé lesquels termes leurs biens seront acquis à la nation.

De l'Imprimerie de DUFART, rue Honoré, Maison d'Auvergne, N°. 100.